L'ANGLAIS pour les 5-8 ANS

POCKET

Langues pour Tous

Collection dirigée par Jean-Pierre Berman,
Michel Marcheteau et Michel Savio

Série Jeunesse

- **L'anglais pour les 3-6 ans**
  Les sons de l'anglais (avec 1 CD)
- **L'anglais pour les 5-8 ans**
  Vocabulaire anglais junior (avec 1 CD)
- **L'anglais pour les 8-11 ans**
  L'anglais junior : l'anglais avant la 6e (1 livre ou 1 livre + 2 CD)

Your name *Ton nom*

____

Your age *Ton âge*

____

Your form *Ta classe*

____

Your school *Ton école*

____

Your address *Ton adresse*

____

____

ISBN : 2-266-13966-5

L'ANGLAIS pour les 5-8 ANS

par

Bridget Johnson

Illustrations :

Philippe Chauvet
et Florence Quintin

Maquette : **Michel Allandrieu**
Son : **Studio Beryl**

SOMMAIRE

SOMMAIRE

SOMMAIRE

PRÉSENTATION

Le **Vocabulaire anglais Junior** est un dictionnaire thématique sonore, illustré en B.D. et tout en couleurs. Il s'adresse à des **enfants de 5 à 8 ans** qui débutent l'apprentissage de l'anglais.

Mis en scène sous forme de B.D., le vocabulaire choisi est issu de l'environnement familier de l'enfant ou vise la découverte d'éléments culturels.

Basé sur l'acquisition et l'utilisation des mots, l'ouvrage est conçu pour favoriser :

- Un apprentissage ludique, qui invite l'enfant à participer à de **nombreuses activités** : il lit, écrit, écoute, parle, répète, regarde, dessine, associe des images et des mots... Présentes pour chaque thème étudié, ces situations de communication complètent la présentation des mots par leur réutilisation systématique. Elles permettent aussi de revenir sur des thèmes déjà abordés en refaisant les activités, en guise de révision.
- Une **sensibilisation culturelle**, qui vise à l'ouvrir à d'autres cultures et d'autres pays.
- Une **familiarisation avec les sonorités de l'anglais**, pour exploiter la facilité des jeunes enfants à assimiler de nouveaux sons. Proposés avec des accents différents (britanniques et américains), tous les mots et les mini-dialogues sont repris dans le CD audio d'accompagnement. De nombreuses activités utilisent également le CD pour associer sons, images et textes.

Le livre est organisé autour de **20 thèmes de la vie quotidienne** qui abordent :

- le **vocabulaire de base**, illustré en couleurs ;
- des **mises en situation**, sous forme de B.D. ;
- des **activités variées** pour réutiliser les mots appris ;
- des **apports culturels**.

Deux **lotos de révision** et un **lexique bilingue** clôturent l'ouvrage.

L'enfant peut aborder les thèmes dans l'ordre qu'il souhaite. Si un thème utilise des informations données dans une autre leçon, la référence sera indiquée pour pouvoir s'y reporter.

Les traductions des mots (ou phrases) et les solutions des activités permettent aux adultes, parents ou enseignants, d'aider facilement l'enfant.

L'ouvrage tient compte des instructions officielles du Ministère de l'Éducation Nationale.

Bonjour, je m'appelle Goodie.
Viens jouer avec moi ! On commence tout de suite ! Voici les lettres de l'alphabet. Écoute ton CD, puis écris les mots anglais que tu as entendus.

A a

alligator ______________________

anorak ______________________

B b

balloon ______________________

baby ______________________

C c

camel

cactus

D d

dinosaur

E e

elephant

Ff

fire

Gg

Hh

helicopter

giraffe

I i

ibis

island

J j

jaguar

jeans

K k

kangaroo

L l

lion

letter

M m

mammoth

medal

N n

nest

O o

ogre

orange

P p

parrot

parachute

Q q

queen

R r

robot

rose

S s

snake

sun

T t

tortoise

tambourine

U u

uniform

V v

vulture

van

W w

wallaby

walkman

X x

X-ray

Y y

yacht

Z z

zebra

zig-zag

The alphabet song • *La chanson de l'alphabet*

Écoute la chanson de l'alphabet sur ton CD, puis chante-la avec moi :

A	B	C	D	E	F	G
éï	bi:	si:	di:	i:	èf	dji:

H	I	J	K	L	M	N
éïtch	aï	djéï	kéï	èl	èm	èn

O	P	Q	R	S	T	U
ôou	pi:	kiou:	a:r	ès	ti:	you:

V	W	X	Y	Z
vi:	dœbeliou	èks	waï	zèd

Si tu vois deux points (:) après une voyelle, cela veut dire que le son est plus allongé.

Words * Mots

Voici tes nouveaux amis.
Écoute ton CD et écris les mots que tu as entendus.

a kangaroo ______

a boy ______

a girl ______

a family ______

a baby ______

a, an = *un, une.* Le **a** de l'article **a** se prononce comme dans le français *le*.

the = *le, la, les.*

hello, hi ______

goodbye! ______

Cartoon Bande dessinée

a kangaroo

a girl

a boy

the Johnson family

Translation * Traduction

1. *Bonjour, je suis Goodie !*
   Un kangourou.

2. *Salut, je suis Kate !*
   Une fille.

3. *Salut, je suis Bob !*
   Un garçon.

4. *La famille Johnson.*

Communication * Communication

Pour donner ton prénom, dis à ton tour :

I	**am**
je	*suis*

Écris ton prénom ici

Colle ta photo ici

Épelle ton nom
en t'aidant
de l'alphabet
anglais
à la page 17
de ton livre.

Discovery Découverte

Regarde bien ces prénoms de garçon et de fille.
Entraîne-toi à les écouter et à les répéter
avec ton CD :

Charles	Diana
Chris, Christopher	Helen
George	Jane
James, Jim	Jenny, Jennifer
John	Kate
Mark	Mary
Michael, Mike	Maggie, Margaret
Pete, Peter	Pam, Pamela
William, Bill	Sally

Charles: I'm a boy.
Charles : je suis un garçon.

Diana : I'm a girl.
Diane : Je suis une fille.

Maintenant, sans regarder la liste, écoute sur ton CD
chaque prénom que tu vas entendre
et dis en anglais si c'est un garçon ou une fille.

Words * Mots

Je vais te montrer des photos de ma famille. Ecoute ton CD.

my **grand**father

my **fa**ther

me

my **bro**ther

my **mo**ther

my **grand**mother

my **sis**ter

my = *mon, ma, mes.*

Cartoon Bande dessinée

Maintenant que tu connais ma famille, retrouve qui sont ces personnages et écris-le dans les étiquettes :

1. my father • 2. my sister • 3. my grandmother • 4. me
5. my grandfather • 6. my mother • 7. my brother

Communication ✶ Communication

Ecoute ton CD et mets des numéros (de 1 à 6) sous chaque photo au fur et à mesure que tu entends le nom du personnage :

1. my sister • 2. my father • 3. Goodie • 4. Bob • 5. my mother • 6. Kate

Fais attention à la prononciation du **th** dans **mother,** que tu dois dire comme un z. Sur ton CD, écoute cette série de mots et répète-les après moi :

mother **brother** **father** **the** **weather**

Maintenant, écoute la prononciation du **y** dans **my.** Sur ton CD, écoute cette série de mots et répète-les après moi :

my **five** **time** **pie** **shy**

Discovery Découverte

En anglais, apprends à saluer en fonction de l'heure de la journée. Regarde les images et écoute ton CD :

Bonjour !

Bonjour !

Bonsoir !

Bonne nuit !

Cartoon Bande dessinée

Kate et Bob te montrent leur maison.
Écoute ton CD, puis écris dans les étiquettes les mots que tu as entendus.

chimney

roof

window

wall

door

My house

Fais attention à la prononciation du **w** dans **w**ater. Sur ton CD, écoute cette série de mots et répète-les après moi :

wall **water** **window** **weekend**

Cartoon Bande dessinée

My bedroom

lamp

clock

bed

carpet

Discovery Découverte

English houses

Maisons anglaises

Cartoon • Bande dessinée

Écoute ton CD et compte jusqu'à 10 en anglais :

1 * One

2 * Two

3 * Three

4 * Four

5 * Five

Écoute bien sur ton CD cette série de mots. Entoure les mots lorsque tu entends le même son **i** – à prononcer comme le français *« aïe ! »* – que dans **five** :

nine **pillow** **pilot** **knife** **mirror** **bike**

nine • pilot • knife • bike

Cartoon × Bande dessinée

6 * Six

7 * Seven

8 * Eight

9 * Nine

10 * Ten

Le son **ei** dans **eight** se prononce un peu comme *–eille* dans le français *bouteille*. Sur ton CD, écoute cette série de mots et répète-les après moi :

eight **tale** **name** **plate** **James** **plane**

Communication Communication

À toi de jouer ! Écoute ton CD et écris les nombres dans les étiquettes :

1 ____________________

4 ____________________

3 ____________________

5 ____________________

9 ____________________

1 - one • 3 - three • 4 - four • 5 - five • 9 - nine

Relie chaque chiffre à son nom :

2 •	• ten
7 •	• eight
10 •	• seven
6 •	• six
8 •	• two

Communication • Communication

How old are you? • *Quel âge as-tu ?*

Avec les chiffres que tu as appris,
tu peux maintenant donner ton âge :

How old are you?

I am = I'm

Écris ici ton âge

I am ______________________

À toi de jouer ! Ecoute ton CD : John, Helen, Mike et Kate vont te donner leur âge. Écris les réponses que tu entends :

John: ______________________

Helen: ______________________

John

Helen

Mike

Kate

Mike: ______________________

Kate: ______________________

John : **I'm five** • Helen : **I'm seven** • Mike : **I'm nine** • Kate: **I'm six.**

Colours • Couleurs

Maintenant, amusons-nous avec des couleurs !

Écoute bien sur ton CD cette série de mots. Entoure les mots lorsque tu entends le même son **ee** – à prononcer comme un *i* très long – que dans **green** :

bee **sit**

sweet **tea**

be **key**

bee • sweet
tea • key

Écoute et répète toutes ces couleurs :

Shapes Formes

1	2	3	4
a circle	a square	a rectangle	a triangle

Complète les phrases suivantes :

1. It's a ____________________ circle.

2. It's a ____________________ square.

3. It's a ____________________ rectangle.

4. It's a ____________________ triangle.

1. pink • 2. blue • 3. red • 4. green

Communication • Communication

What colour is it? • *De quelle couleur est-ce ?*

De quelles couleurs sont les maillots des coureurs ? Ecoute ton CD pour le savoir. Écris le nom de la couleur sous chaque coureur en suivant l'exemple ci-contre, puis colorie-les :

1. **It's blue**

3. **It's** ____________

2. **It's** ____________

4. **It's** ____________

6. **It's** ____________

5. **It's** ____________

7. **It's** ____________

1. blue • 2. black • 3. orange • 4. green • 5. white • 6. yellow • 7. red

Cartoon Bande dessinée

Écoute ton CD, puis écris les mots que tu as entendus.

cartoon

puppet

ball

dans les étiquettes.

kite

robot

doll

teddy bear

bike

car

scooter

video game

computer

marbles

puzzle

book

Communication Communication

À toi de jouer ! Écoute ton CD et écris le nom des jouets que tu vois :

Kate: **I've got a kite!**

John: **I've got a** ________ ________ **!**

Helen: **I've got a** ____________ **!**

Caroline: **I've got a** __________ **!**

Paul: **I've got a** ____________ **!**

Kate: **I've got a kite!** • John: **I've got a teddy bear!**
Helen: **I've got a ball!** • Paul: **I've got a car!** • Caroline: **I've got a doll!**

Écoute bien sur ton CD cette série de mots. Entoure les mots lorsque tu entends le même son **oo** – à prononcer comme un « *ou* » allongé – que dans **cartoon** :

boots **book** **cool** **cook** **zoo** **kangaroo**

boots • moon • zoo • kangaroo

Discovery Découverte

Halloween

Tu connais la fête d'Halloween ? Une fois par an, le soir du 31 octobre, les sorcières et les fantômes sortent la nuit et viennent voir les vivants !

C'est une légende, bien sûr !

La fête d'Halloween se célébrait à l'origine en Irlande et aux Etats-Unis.

Si tu veux, toi aussi, fêter **Halloween** le 31 octobre, j'ai fait pour toi un dessin de citrouille à colorier. Suis le modèle pour les couleurs.

Words Mots

Écoute le CD, puis écris les mots que tu as entendus.

eye

ear

hair

arm

hand

face

nose

mouth

leg

foot (pluriel : **feet**)

En anglais, on prononce le **h** au début d'un mot. Sur ton CD, écoute cette série de mots et répète-les après moi :

hello **h**i **h**and **h**air **h**appy

Communication • Communication

My face • *Mon visage*

À toi de compléter ces phrases en écoutant ton CD :

1-John: **I've got brown hair.**

2-Snake: **I've got yellow** ________ **.**

3-Cat: **I've got blue** ________ **.**

4-Monkey: **I've got black** ________ **.**

5-Rabbit: **I've got green** ________ **.**

Si tu veux revoir les couleurs, va dans la leçon 6.

2. Serpent : **I've got yellow eyes.** • 3. Chat : **I've got blue eyes.**
4. Monkey : **I've got black eyes.** • 5. Lapin : **I've got green eyes.**

Cartoon Bande dessinée

Écoute le CD et répète les mots que tu as entendus.

In spring I wear...

a cap
a shirt
jeans
trainers

In summer I wear...

a t-shirt
shorts
tennis shoes

In autumn I wear...

a sweater
a jacket
pants

In winter I wear...

a cap
a scarf
a coat
gloves
shoes

ea dans **wear** se prononce “è-e”.

Communication * Communication

Quels vêtements portent ces personnages ?
Complète les phrases en t'aidant des dessins :

2. I wear a green scarf. • 3. I wear un red hat. • 4. I wear a blue sweater.

Relie chacun des mots à l'image qui lui correspond :

1. pants **2. coat** **3. gloves** **4. shirt**

1. C • 2. B • 3. D • 4. A

Cartoon Bande dessinée

I'M HAPPY!
I'M SAD!
3
I'M SURPRISED!
I'M SURPRISED!
4
I'M SAD!
I'M HAPPY!
5

Cartoon Bande dessinée

Enjoy your meal! • *Bon appétit !*

Écoute ton CD, puis écris dans les étiquettes les mots

toast

butter

coffee

que tu as entendus.

jam

sausage

tea

chocolate

milk

Good morning!

cheese

Enjoy your meal!

egg

honey

bacon

cereals

Cartoon • Bande dessinée

Enjoy your meal! • *Bon appétit !*

Écoute ton CD, puis écris les mots que tu as entendus

I like
(*j'aime*)
I don't like
(*je n'aime pas*)

Le **a** dans **water** se prononce comme un *o* très long. Sur ton CD, écoute cette série de mots et répète-les après moi :

water
ball
door
wall
walk

I don't like spaghetti! I like chips!

dans les étiquettes.

sausages

hamburger

chips / French fries (U.S.)

spaghetti

cake

ice cream

water

orange juice

coca cola

pizza

chicken

fish

Communication ✕ Communication

I like… *J'aime…* – **I don't like…** *Je n'aime pas…*
Écoute ton CD : Kate va te dire ce qu'elle aime manger et ce qu'elle n'aime pas manger.
Raye le morceau de phrase inutile.

I like
I don't like **pizza**

I like
I don't like **coca cola**

I like
I don't like **chips** (G.B.)
French fries (U.S.)

I like
I don't like **chicken**

I like
I don't like **ice cream**

I like
I don't like **cake**

I like pizza • I like coca cola • I don't like chips / French fries
I like chicken • I don't like ice-cream • I like cake

Discovery Découverte

Fish and chips

Le **fish and chips** est composé de poisson et de frites. C'est un plat anglais.

Bacon and eggs

J'adore manger des *œufs au bacon*, **bacon and eggs** ! Je vais t'apprendre comment les faire. Tu vas voir, c'est facile.

Tu as besoin (par personne) de : 2 tranches fines de bacon, 1 œuf. Utilise environ 20 grammes de beurre pour faire cuire les aliments.

Dans une poêle, tu fais fondre le beurre.

Ensuite, tu ajoutes les tranches de bacon. Tu les fais frire dans le beurre d'un côté, puis tu les retournes pour les faire cuire de l'autre côté.

Casse un œuf dans une assiette. Fais-le glisser dans la poêle en faisant attention à ne pas le crever.

Ajoute le gruyère et laisse cuire le tout pendant environ 2 minutes.

Enjoy your meal!

Cartoon Bande dessinée

Regarde, nous sommes à l'école. Écoute ton CD, puis écris les mots que tu as entendus.

poster ______ teacher ______ blackboard ______

table ______ pencil ______ notebook ______

schoolbag ______ book ______

Discovery Découverte

Tu vois, nous sommes en train de dessiner des drapeaux. Veux-tu dessiner avec nous ? Voici des modèles pour le faire :

Australia *Australie*

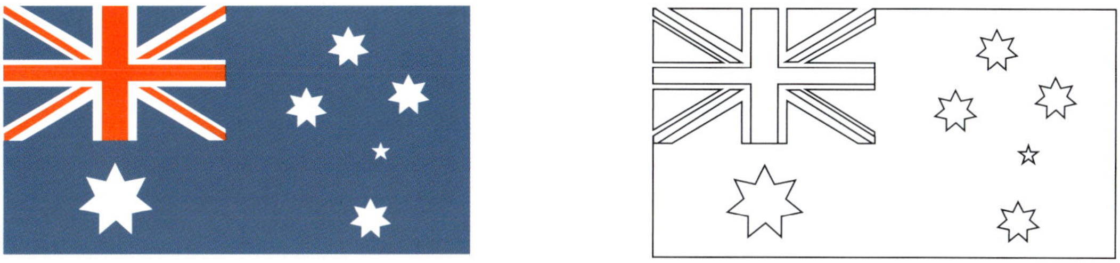

Canada *Canada*

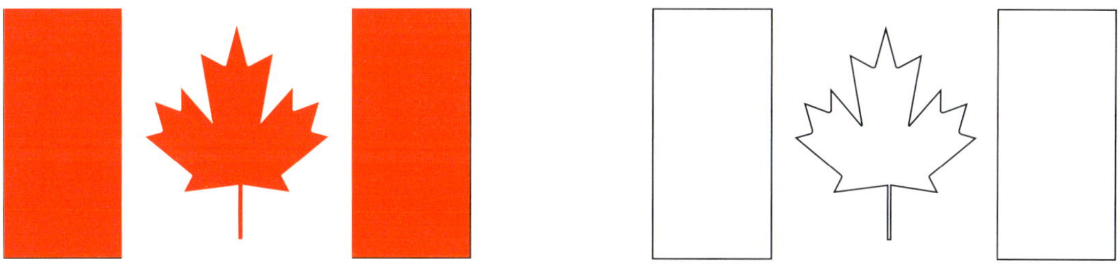

Great Britain *Grande-Bretagne*

United States *Etats-Unis*

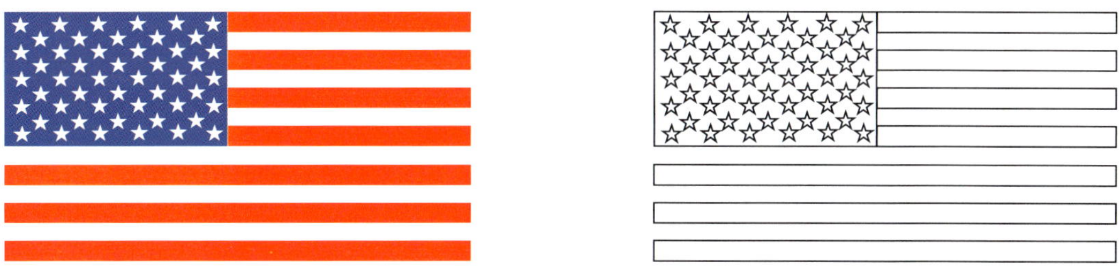

Words ✱ Mots

Dans quels pays est-qu'on parle anglais ?
Pour le savoir, écoute ton CD,
puis écris les mots que tu as entendus.

Australia
Australie

Canada
Canada

Great Britain
Grande-Bretagne

United States
États-Unis

Écoute bien sur ton CD cette série de mots.
Entoure les mots lorsque tu entends le même son **a** que celui de la première syllabe dans **Canada** :

animal **family** **table** **place** **happy** **black**

animal • family • happy • black

Discovery Découverte

Great Britain • *Grande-Bretagne*

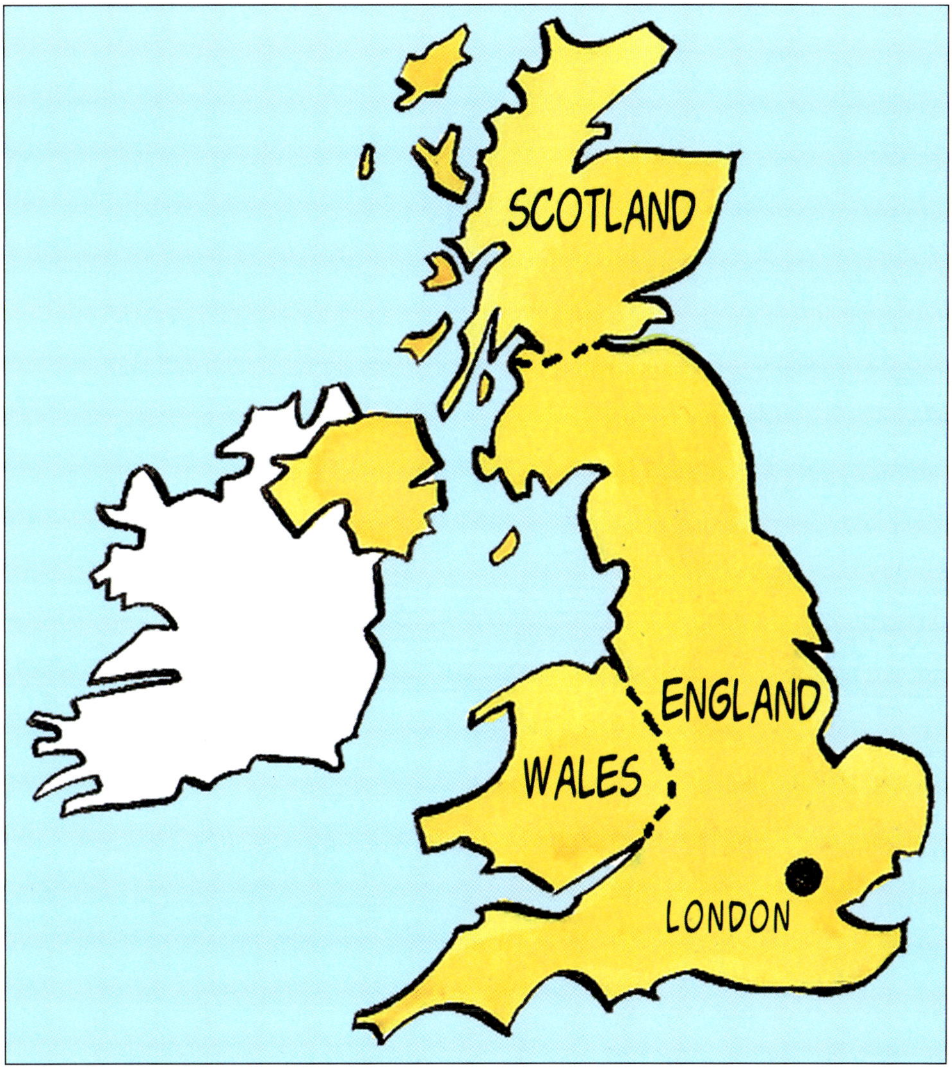

Capitale : **London**

La Grande-Bretagne est composée de trois grandes parties :

England – l'Angleterre

Scotland – l'Écosse

Wales – le Pays de Galles

Discovery Découverte

Canada • *Canada*

Capitale : **Ottawa**
D'autres villes : **Montréal, Vancouver**

Discovery Découverte

The United States of America • *Les États-Unis d'Amérique*

50 états – Capitale : **Washington**
D'autres villes : **New York, Philadelphia**

Lorsque Christophe Colomb débarqua en Amérique en 1492, les Indiens étaient déjà sur cette terre. Beaucoup d'entre eux ont été massacrés par les Européens au XIXe siècle. Il en reste environ un million aujourd'hui.

Words Mots

Maintenant, tu vas apprendre les nationalités des pays qui sont présentés dans la leçon 14. Écoute ton CD, puis écris les mots que tu as entendus.

Australian
Australien

Canadian
Canadien

British
Anglais

American
Américain

En anglais, les adjectifs de nationalité s'écrivent avec une majuscule.

Fais attention à la prononciation du i dans **British**. Sur ton CD, écoute cette série de mots et répète-les après moi :

sister **sit** **milk** **river** **city**

Tu as déjà entendu un autre son (i), mais que tu dois dire comme un **i** allongé. Répète après moi :

three **tea** **sweet** **sea** **week**

Cartoon Bande dessinée

Cartoon Bande dessinée

Qu'est-ce que tu feras quand tu seras grand ? Je vais te
Écoute ton CD, puis écris les mots que tu as entendus

explorer

doctor

pilot

donner quelques idées. Tu vas voir, tu as le choix !

dancer

musician

photographer

journalist

astronaut

Communication • Communication

Écoute ton CD, puis écris dans l'étiquette le métier que tu as entendu .

1. **I'm a** **doctor.**

2. **I'm a** ______________ .

3. **I'm a** ______________ .

4. **I'm a** ______________ .

5. **I'm a** ______________ .

2. journalist • 3. musician • 4. pilot • 5. dancer

Écoute bien sur ton CD cette série de mots. Entoure les mots lorsque tu entends le même son **u** que dans **musician** :

pupil **bus** **museum** **cup** **computer** **music**

pupil • museum • computer • music

Discovery Découverte

21 juillet 1969 : Deux astronautes américains sur la lune !

Neil Amstrong **Buzz Aldrin**

En 1969, deux astronautes américains
ont été les premiers hommes à marcher sur la lune.

Communication * Communication

J'ai mélangé toutes mes étiquettes ! Aide-moi à relier chaque image à son étiquette :

1 ●

2 ●

3 ●

● car

● train

● plane

● bike

● bus

● scooter

4 ●

5 ●

6 ●

1. car • 2. plane • 3. bike • 4. scooter • 5. train • 6. bus

Fais attention à la prononciation de **o** dans **motorbike**. Sur ton CD, écoute cette série de mots et répète-les après moi :

motorbike **boat** **postcard** **sofa** **snow**

Discovery Découverte

Comment se déplacer à Londres (Grande-Bretagne) et à New York (États-Unis) :

London – the underground
le métro

London
a double-decker bus
un autobus à deux étages

London
a taxi

New York
a taxi

Words Mots

Regarde, comme c'est joli ! Au-dessus de chaque mot, fais le dessin qui lui correspond :

tree	flower	river
grass	sky	sun
sea	sand	shell

Maintenant, écoute ton CD pour apprendre à prononcer tous ces mots.

Cartoon Bande dessinée

the countryside - *la campagne*

the seaside - *la mer*

Words Mots

Au-dessus de chaque mot,
dessine la tête de l'animal qui lui correspond :

tiger	lion	cat
kangaroo	mouse	monkey
camel	dog	horse

Maintenant, écoute ton CD pour apprendre à prononcer tous ces mots. Si tu veux encore voir et écouter beaucoup d'animaux, va dans la leçon 1 sur l'alphabet !

Cartoon Bande dessinée

Communication * Communication

Quel est cet animal ? Écoute ton CD, puis écris le nom de l'animal que tu as entendu.

1. **I'm a lion.**
2. **I'm a** ______________ **.**
3. **I'm a** ______________ **.**
4. **I'm a** ______________ **.**
5. **I'm a** ______________ **.**

2. **kangaroo** • 3. **cat** • 4. **horse** • 5. **monkey**

Le **ou** dans **mouse** se prononce un peu comme « *aou* ». Sur ton CD, écoute cette série de mots et répète-les après moi :

mouse **house** **towel** **mouth** **town**

Discovery Découverte

Nessie, le monstre du Loch Ness
Nord de l'Écosse, Grande-Bretagne

Sur la carte de la Grande-Bretagne, page 57, regarde où se trouve l'Écosse.

Une légende raconte qu'un monstre sous-marin, **Nessie**, vit dans le fonds d'un lac écossais, le « **Loch Ness** ».
« Loch », en écossais, signifie « lac ».
Il y a de nombreux témoignages, avec parfois des photos, sur l'apparition de ce monstre à la surface de l'eau.
On le décrit comme un cheval de mer, un dragon, un serpent, une anguille...
On le considère aujourd'hui comme une superstition, une légende des pays d'Europe du Nord.

Words Mots

Tu connais ces objets, n'est-ce pas ? Écoute ton CD, puis écris les mots que tu as entendus.

a **te**lephone ______________________

a **ra**dio ______________________

a **te**levision ______________________

a **ca**mera ______________________

a com**pu**ter ______________________

a book ______________________

a **ma**gazine ______________________

a C.D.,
com**pact** disc ______________________

Cartoon Bande dessinée

JOHN RABBIT

43+8 = ?
57-3 = ?

cartes à jouer à découper

ice cream	cap	window	chicken
cartoon	trainers	computer	jam
teddy bear	gloves	plane	bike
camera	doll	orange juice	marble
pencil	bed	boat	puzzle

OBJECT BINGO · LE LOTO DES OBJETS

Les chiffres renvoient aux numéros des leçons

cartes à jouer à découper

ball	clock	cake	car
puppet	television	milk	schoolbag
lamp	chips	book	fish
scooter	robot	pizza	bus
shirt	cheese	kite	blackboard

OBJECT BINGO – LE LOTO DES OBJETS

Les chiffres renvoient aux numéros des leçons

tiger	lion	cat	mouse
kangaroo	monkey	camel	dog
horse	alligator	jaguar	dinosaur
elephant	giraffe	ibis	mammoth
parrot	snake	tortoise	zebra

ANIMAL BINGO LE LOTO DES ANIMAUX

Les chiffres renvoient aux numéros des leçons

Les chiffres entre parenthèses renvoient aux numéros des leçons, qui remettent le mot dans son contexte et permettent de l'écouter sur le CD.
La couleur rose indique les syllabes accentuées.

anglais / français • English / French

A

a, an un, une (2)
alligator alligator (1)
American américain(e) (15)
angry colère (en) (10)
animal animal (19)
anorak anorak (1)
arm bras (8)
astronaut astronaute (16)
Australia Australie (14)
Australian australien(ne) (15)
autumn automne (9)

B

baby bébé (1)
bacon bacon (11)
ball balle, ballon (7)
balloon ballon (1)
be être (6)
bed lit (4)
bedroom chambre (4)
bee abeille (6)
bike bicyclette (7, 17)
black noir (6)
blackboard tableau (13)
blue bleu (6)
boat bateau (17)
book livre (7, 13, 20)
boots bottes (7)
boy garçon (2)
breakfast petit déjeuner (11)
British anglais(e) (15)
brother frère (3)
brown marron (6)
bus autobus (17)
butter beurre (11)

C

C.D., compact disc disque compact (20)
cactus cactus (1)
cake gâteau (12)
camel chameau (1, 19)
camera appareil photo (20)
Canada Canada (14)
Canadian canadien(ne) (15)
cap casquette (9)
car voiture (7, 17)
carpet tapis (4)

cartoon dessin animé (7)
cat chat (19)
cereals céréales (11)
champion champion(ne) (11)
cheese fromage (11)
chicken poulet (12)
chimney cheminée (4)
chips frites (12)
chocolate chocolat (11)
circle cercle (6)
city ville (15)
clock réveil (4)
coat manteau (9)
coca cola coca cola (12)
coffee café (11)
colour couleur (6)
compact disc disque compact (20)
computer ordinateur (7, 20)
cool frais, fraîche (7)
cook cuisinier(ière) (7)
country pays (14)
cup tasse (16)

D

dancer danseur (-euse) (16)
dinosaur dinosaure (1)
doctor médecin (16)
dog chien (19)
doll poupée (7)
door porte (4)
double-decker bus autobus à deux étages (17)

E

ear oreille (8)
egg œuf (11)
eight huit (5)
elephant éléphant (1)
enjoy prendre plaisir à (12)
explorer explorateur (16)
eye œil (8)

F

face visage (8)
family famille (2)
father père (3)
fire feu (1)
fish poisson (12)
five cinq (5)
flower fleur (18)
foot (pluriel: **feet**) pied (8)
four quatre (5)
French fries frites (12)

G

giraffe girafe (1)
girl fille (2)
gloves gants (9)
good afternoon *bonjour* (3)
good evening *bonsoir* (3)
good morning *bonjour* (3)
good night *bonne nuit* (3)
goodbye au revoir (2)
grandfather grand-père (3)

grandmother grand-mère (3)
grass herbe (18)
Great Britain Grande-Bretagne (14)
green vert (6)

H

hair cheveux (8)
hamburger hamburger (12)
hand main (8)
happy content(e), heureux (-euse) (10)
helicopter hélicoptère (1, 17)
hello, hi bonjour, salut (2)
honey miel (11)
horse cheval (19)
house maison (4)

I

I je (5)
ibis ibis (1)
ice cream glace (12)
island île (1)

J

jacket veste (9)
jaguar jaguar (1)
jam confiture (11)
jeans jeans (9)
job métier (16)
journalist journaliste (16)

K

kangaroo kangourou (1, 19)
key clé (6)
kite cerf-volant (7)
knife couteau (5)

L

lamp lampe (4)
leg jambe (8)
letter letter (1)
lion lion (1, 19)

M

magazine magazine (20)
mammoth mammouth (1)
marble bille (7)
me moi (3)
meal repas (11)
medal médaille (1)
menu menu (12)
milk lait (11)
mirror miroir, glace (5)
monkey singe (19)
mother mère (3)
motorbike moto (17)
mouse souris (19)
mouth bouche (8)
museum musée (16)
music musique (16)
musician musicien(ne) (16)
my mon, ma, mes (3)

N

name nom (5)
nationality nationalité (15)
nature nature (18)
nest nid (1)
nine neuf (5)
nose nez (8)
notebook cahier (13)

O

ogre ogre (1)
old vieux, vieille (5)
one un (5)
orange orange (6)
orange juice jus d'orange (12)
orange orange (1)

P

pants pantalon (9)
parachute parachute (1)
parrot perroquet (1)
pencil crayon (13)
photographer photographe (16)
pie tarte, gâteau (3)
pillow oreiller (5)
pilot pilote (16)
pizza pizza (12)
place lieu, endroit (14)
plane avion (17)
plate assiette (5)
postcard carte postale (17)
poster affiche (13)
pupil élève (16)
puppet marionnette (7)
puzzle puzzle (7)

Q

queen reine (1)

R

rabbit lapin (8)
radio radio (20)
rectangle rectangle (6)
red rouge (6)
river rivière (18)
robot robot (1, 7)
roof toit (4)
rose rose (1)

S

sad triste (10)
sand sable (18)
sausage saucisse (11, 12)
scared effrayé(e) (10)
scarf écharpe (9)
schoolbag cartable (13)
scooter trottinette (7, 17)
sea mer (18)
seven sept (5)
shell coquillage (18)
shirt chemise (9)
shoe chaussure (9)
shorts short (9)

shy timide (3)
sister sœur (3)
sit s'asseoir (6)
six six (5)
sky ciel (18)
snake serpent (1)
snow neige (17)
sofa sofa (17)
spaghetti spaghetti (12)
spring printemps (9)
square carré (6)
summer été (9)
sun soleil (1, 18)
surprised
étonné(e), surpris(e) (10)
sweater pull (9)
sweet doux, sucré (6)

T

t-shirt t-shirt (9)
table table (13)
tale histoire (5)
tambourine tambourin (1)
taxi taxi (17)
tea thé (11)
teacher maître, maîtresse (13)
teddy bear
ours en peluche (7)
telephone téléphone (20)
television télévision (20)
ten dix (5)
tennis shoes
chaussures de tennis (9)
the le, la, les (2)
three trois (5)
tiger tigre (19)
time temps, heure (3)
toast toast (11)
tomato tomate (11)
tortoise tortue (1)
towel serviette
(de toilette) (19)
town ville (19)
train train (17)
trainers baskets (9)
tree arbre (18)
triangle triangle (6)
two deux (5)

U

underground métro (17)
uniform uniforme (1)
United States Etats-Unis (14)

V

van camionette (1)
ventilator ventilateur (1)
video game jeu vidéo (7)
vulture vautour (1)

W

walk marche, marcher (12)
walkman walkman (1)
wall mur (4)
wallaby wallaby (1)
water eau (12)

wear porter (9)
weather temps (3)
week semaine (15)
weekend weekend (4)
white blanc (6)
window fenêtre (4)
winter hiver (9)

X

X-ray rayon X (1)

Y

yacht yacht (1)
yellow jaune (6)
you tu, toi, vous (5)
your ton, ta, tes (11)

Z

zebra zèbre (1)
zig-zag zig-zag (1)
zoo zoo (7)

Achevé d'imprimer : juillet 2006
Dépôt légal : novembre 2004
Imprimé en France par Pollina, 85400 Luçon - N° L40665

[redacted]

[redacted]